LES
GRANDES ÉCOLES SYRIENNES

DU IVe AU XIIe SIÈCLE

PAR

LE Bon E. REY

MEMBRE RÉSIDANT DE LA SOCIÉTÉ DES ANTIQUAIRES DE FRANCE

PARIS

ERNEST LEROUX, ÉDITEUR

28, RUE BONAPARTE, 28

—

1898

LES
GRANDES ÉCOLES SYRIENNES

DU IVe AU XIIe SIÈCLE

ET

LES MONASTÈRES DES MONTAGNES SAINTES

D'ÉDESSE ET DE MÉLITÈNE

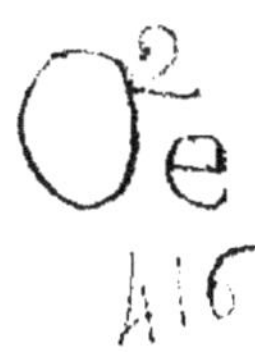

LES
GRANDES ÉCOLES SYRIENNES

DU IVᵉ AU XIIᵉ SIÈCLE

PAR

LE Bᵒⁿ E. REY

MEMBRE RÉSIDANT DE LA SOCIÉTÉ DES ANTIQUAIRES DE FRANCE

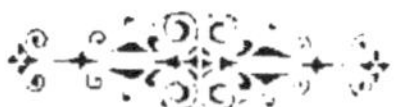

PARIS

ERNEST LEROUX, ÉDITEUR

28, RUE BONAPARTE, 28

—

1898

A leur arrivée en Syrie, les Francs trouvèrent des populations chrétiennes comme eux, mais appartenant aux rites orientaux, et ayant conservé les traditions scientifiques de l'antiquité.

Il y a quelques années, j'ai déjà indiqué sommairement, dans le viie chapitre de mes *Colonies franques de Syrie, aux* xiie *et* xiiie *siècles,* ce que furent les écoles d'Antioche et de Tripoli ainsi que l'influence considérable exercée sur les croisés fixés en Terre-Sainte par le mouvement scientifique des Syriens.

La plupart des chroniques formant, jusqu'à ce jour, le fond de nos connaissances historiques sur les Principautés franques d'outremer sont l'œuvre d'écrivains appartenant presque tous au clergé latin qui fut en rivalité constante avec les orientaux ; aussi ont-ils systématiquement laissé dans l'ombre le rôle, cependant si important, au point de vue intellectuel, de l'élément syrien dans ces principautés.

C'est là, je crois, une lacune qu'il importe de combler et il me semble que des études particulières sur le monde tant musulman que chrétien au milieu duquel les Francs vinrent s'établir, seraient l'introduction la plus rationnelle à l'histoire des Principautés fondées en Syrie par les croisés.

C'est à ces mêmes Syriens, qui avaient conservé intact, au milieu de crises terribles, le dépôt des sciences de l'antiquité et s'étaient faits les initiateurs des Arabes, leurs conquérants, qu'était réservé l'honneur de répandre dans les colonies latines les lumières de l'Orient.

Je vais donc tenter d'esquisser à grands traits un aperçu général de l'histoire du mouvement scientifique chez les Syriens Grecs, Jacobites et Nestoriens durant la longue période qui s'étend du IVe au XIIe siècle.

Ce n'est point un travail d'érudition que je présente ici à mes lecteurs ; mais plutôt une œuvre de vulgarisation, sur une période trop négligée par ceux qui, chez nous, se sont livrés, jusqu'ici, à l'étude des croisades, en se plaçant à un point de vue exclusivement occidental et latin.

LES
GRANDES ÉCOLES
SYRIENNES
DU IVᵉ AU XIIᵉ SIÈCLE

De toutes les villes fondées en Syrie par les Séleucides, c'est à Antioche qu'était réservé le plus brillant avenir; Apamée, Emesse, Samosate et Laodicée cultivèrent également la langue et la littérature grecques qui, partie de ces centres, se propagea rapidement dans toute la contrée.

Phéniciens et Chaldéens se conformèrent à l'esprit nouveau, les Juifs eux-mêmes ne purent s'en défendre. Partout en Syrie les provinces, les montagnes et les fleuves empruntèrent alors des noms grecs et le pays fut hellénisé. Cependant, quand au commencement du nᵉ siècle de notre ère, la conquête romaine eut absorbé tous les états autonomes de Syrie, elle n'avait pu enlever à chaque groupe son originalité. Leurs langues, toutes d'origine sémitique, s'étaient conservées et, par un travail de fusion, s'étaient peu à peu fondues en un seul idiome, le dialecte araméen ou syriaque, qui, parlé concurremment avec le grec dans la plus grande partie de la Syrie, en avait secondé l'unification politique [1].

Cette langue syrienne fut toujours cultivée avec soin dans les

1. Vogué, archit. du Vᵉ au VIIᵉ siècle, t. I, p. 12 et suiv.

provinces orientales où elle allait bientôt devenir la langue savante de toute l'Asie antérieure.

Antioche fut, depuis sa fondation, le grand centre des études grecques en Syrie et c'est à ce titre que nous la voyons citée par Cicéron dans son discours *Pro Archia poeta*.

Les arts avaient rivalisé avec la nature pour faire d'Antioche une des plus belles villes du monde païen.

Une longue rue bordée de portiques dont on voit encore les traces la traversait de la porte de Daphné à l'ouest à la porte orientale nommée aujourd'hui porte de Saint-Paul. Une savante symétrie avait aligné les rues. Ses temples, ses palais, ses théâtres étaient sans nombre et Pline lui donne le titre de reine de l'Orient.

Tour à tour capitale de l'empire séleucide et de la province romaine, elle régnait au nom de la politique, de la philosophie et des arts. Les croyances s'y mélangeaient et s'y pénétraient l'une l'autre, abdiquant leur originalité sous l'uniformité gréco-romaine. Cette ville présentait aux premiers siècles de l'ère chrétienne comme une synthèse des deux paganismes de l'Orient et de l'Occident. On y trouvait tout ce qui pouvait plaire aux Grecs de la décadence et à l'imagination de l'Asie.

Antioche vit affluer dans ses murs presque autant de juifs qu'Alexandrie. On dirait que, dès son origine, la providence prépara cette cité au rôle important qu'elle devait avoir dans la fondation du Christianisme.

Une église chrétienne s'y forma de bonne heure, elle se recruta parmi la colonie juive attirée dans cette ville par les ordonnances libérales des Séleucides et surtout parmi les païens honnêtes, écœurés de la licence effrénée qui régnait alors au sein de l'immense population d'Antioche.

Dans ce milieu, la nouvelle religion se développa rapidement malgré la persécution qui ne fut jamais très sanglante.

Le triomphe de la foi chrétienne n'y modifia point profondément les conditions de la vie sociale.

Dans cet âge primitif, Antioche rivalisa avec Jérusalem. C'est la ville de saint Paul, c'est le foyer des grandes missions dans le monde grec et romain, c'est de là que partiront Paul et Barnabé pour aller prêcher l'Évangile.

Après la ruine des églises de Judée, elle devint la métropole des églises de Syrie et fut le berceau véritable de l'église dégagée de tout lien avec le judaïsme; c'est une gloire qu'aucune autre capitale ne saurait lui disputer. Saint-Pierre y séjourna et en dirigea quelque temps la florissante communauté. Bientôt ses évêques, élevés à la dignité de patriarches, prendront rang à côté de ceux d'Alexandrie et de Constantinople. Un grand nombre de conciles et de synodes s'assembleront dans ses murs durant les disputes des Ariens et des Monophysites. Elle verra naître et grandir à son ombre l'Église Syrienne Jacobite, et son importance religieuse ne cessera pas de croître jusqu'à l'invasion musulmane.

Dès le règne de Théodose, Antioche comptait plus de 100,000 chrétiens et était alors nommée Théopolis (la cité de Dieu) et l'œil de l'église d'Orient.

A côté de la population grecque qui, excepté à Alexandrie, ne fut nulle part aussi dense, Antioche compta toujours dans son sein un nombre considérable d'indigènes de langue syriaque. Les mariages entre ces Syriens et les Grecs furent chose assez fréquente.

Cependant dès l'origine du christianisme il semble s'être formé à Antioche deux églises rivales, l'une grecque, l'autre syrienne, et un antagonisme assez vif qui ne tarda pas à se produire entre ses deux rites y favorisa plus tard, je crois, le développement du Jacobitisme.

L'église grecque fut dominante dans cette métropole de l'Hellénisme en Syrie et l'école célèbre à laquelle Antioche a donné son nom fut absolument grecque. Certains auteurs allemands la désignent sous le titre d'*École Syrienne historico-exégétique*.

C'est Munter qui a le premier cherché à esquisser les destinées de l'école d'Antioche en énumérant les travaux de ses principaux docteurs et en signalant les caractères distinctifs de leur théologie.

L'école d'Alexandrie, par ses tendances spéculatives et mystiques, se rattachait, surtout dans la forme, à la philosophie de Platon.

Comme l'école d'Édesse, celle d'Antioche, tout Aristotélique, fut avant tout une école exégétique et critique. Elle insista sur le côté rationnel des dogmes chrétiens et s'efforça d'établir que le christianisme répond de tout point aux exigences de l'esprit humain. On a prétendu, à tort, que cette école considérait l'écriture sainte comme unique règle de la foi, tandis que l'école d'Alexandrie y joignait la tradition. Cette dernière source était cependant invoquée par Théodoret et Jean Chrysostôme aussi bien que par les Alexandrins.

Dorothée et le diacre Lucien passent généralement pour les fondateurs de l'école d'Antioche. Eusèbe dit que Dorothée s'était adonné à l'étude de l'hébreu et était très versé dans les lettres sacrées.

Saint Jérôme vante les travaux de Lucien sur les livres saints et nous apprend que de son temps il existait des exemplaires des saintes écritures appelés *Lucianea*.

Mais nous ne saurions dire s'ils furent les auteurs de la méthode d'interprétation pratiquée par leurs successeurs ou si nous devons, avec Munter et Ernesti, l'attribuer à Eusèbe d'Émesse, mort en 360, que son long séjour à Antioche permet de compter au nombre des maîtres de cette école.

On ne saurait non plus préciser si l'école d'Antioche fut une institution régulièrement organisée, mais il y a des présomptions en faveur de cette opinion. Il est peu probable que, si voisine d'Édesse, une église comme celle d'Antioche ait négligé un si précieux moyen de progrès intérieur et d'influence au dehors.

L'histoire, qui nous a légué la liste ininterrompue des maîtres des écoles d'Alexandrie et d'Édesse, ne nous a rien transmis de pareil pour l'école d'Antioche, ce n'est que par de longues et laborieuses recherches que l'on parviendra à établir une liste, probablement toujours fort incomplète, des docteurs qui appliquèrent leur savoir au développement et à l'instruction du clergé de cette métropole.

Le diacre Lucien, généralement considéré comme le fondateur de cette école, naquit à Samosate vers l'an 270, il fut à Edesse le disciple du savant Macaire et travailla avec zèle à l'amélioration du texte des Septante.

Devenu presbitre d'Antioche, il réunit autour de lui de nombreux disciples parmi lesquels on compta Arius, Eusèbe de Nicomédie, Marès de Calcédoine, Théognès de Nicée, Léontius d'Antioche, etc., etc.

Lucien souffrit le martyr à Nicomédie en 311 ou 312, pendant la persécution de Dioclétien. Ce premier maître contribua grandement à donner à l'école d'Antioche l'éclat qui la rendit célèbre.

Flavien devenu, dans la suite, évêque de Tarse puis d'Antioche, enseigna également dans cette ville et eut pour disciples Théodore de Mospueste et Jean Chrysostôme. A la même époque l'archimandrite Cartérius enseignait dans un couvent d'Antioche, ou très rapproché de cette ville, et il y a tout lieu de penser que les nombreux monastères de la Montagne-Noire, si voisine d'Antioche, durent participer au mouvement intellectuel et religieux dont cette ville fut alors le centre, comme ceux de la montagne sainte d'Edesse furent les auxiliaires de la célèbre école de cette ville. Nous savons qu'après avoir suivi tour à tour les leçons d'Andragatius, de Libanius, de Flavien, de Mélétius et de Diodore de Tarse, Jean Chrysostôme passa six ans dans un de ces monastères de la montagne d'Antioche.

Diodore de Tarse, mort en 394, et Théodore de Mopsueste, né à Antioche en 350, furent les premiers qui, dans leurs commentaires sur l'Ecriture Sainte, s'attachèrent à fixer le sens des textes sacrés au moyen de la philologie.

Diodore de Tarse forma de nombreux élèves parmi lesquels il compta Nestorius, Théodoret, qui fut dans la suite évêque de Choros, Jean d'Antioche et Jean Chrysostôme.

Nestorius et Théodoret suivirent également les leçons de Théodore de Mopsueste dont, vers cette époque, les œuvres furent traduites en syriaque par Hibbas et Ma'na, chefs de l'école d'Edesse qui devaient bientôt embrasser avec chaleur la défense du Nestorianisme.

Né à Germanicia (Marasch), Nestorius, après avoir résidé à Antioche, était devenu en 428, grâce à son éloquence, patriarche de Constantinople et sa doctrine avait fait de nombreux prosélytes dans les églises syriennes d'Antioche et d'Edesse, mais elle était vivement combattue par Cyrille, patriarche d'Alexandrie.

L'empereur Théodose II, croyant mettre un terme à ces dissensions, assembla en 431 le concile d'Ephèse.

Les évêques de Syrie ne s'étant pas trouvés réunis à l'ouverture du concile, Cyrille, profitant de ce retard, précipita les séances et parvint à faire prononcer, avant leur arrivée, la condamnation et la déposition de Nestorius. Sitôt parvenus à Ephèse, les évêques syriens se constituèrent en concile particulier au nombre de 43, sous la présidence de Jean, évêque d'Antioche, et de Théodoret, évêque de Choros, puis, considérant comme non avenues les décisions du concile, protestèrent contre la déposition de Nestorius. Il en résulta un grand trouble et les opinions furent très divisées dans les églises d'Orient.

La condamnation de Nestorius fut alors considérée plutôt comme une victoire personnelle de Cyrille que comme le triomphe de la Christologie Alexandrine sur celle de l'école d'Antioche.

La condamnation de Nestorius ayant été maintenue, il se retira au monastère d'Euprèpe, voisin d'Antioche. Mais bientôt un ordre de l'empereur l'exila à Ibès dans la grande oasis du désert lybien.

En 431, l'anathème lancé contre les écrits de Nestorius fut étendu à ceux de Diodore de Tarse et de Théodore de Mopsueste. Jean d'Antioche se rallia, alors, à la condamnation de Nestorius, et en présence des reproches que lui adressèrent la plupart des évêques de Syrie, voulut imposer son opinion par la force. Quinze évêques, parmi lesquels on comptait Alexandre de Membedj et Meletius de Mopsueste, n'ayant pas voulu se soumettre furent exilés ; puis, afin d'atteindre le Nestorianisme dans

____

1. Assemani, *Bib. Orient.* t. III, p. 376 (note).

son principal foyer, il décida Rabboula, évêque d'Edesse, à
fermer la célèbre école dite des Perses qui faisait la gloire
d'Edesse et était alors dirigée par Hibbas.

Ces agissements soulevèrent l'épiscopat Syrien, il en résulta
des polémiques qui contribuèrent beaucoup au développement du
Nestorianisme dans l'Asie antérieure et, Rabboula étant mort
le 8 août 435¹, Hibbas lui succéda sur le siège épiscopal
d'Edesse.

Ces événements amenèrent l'église de Syrie à se rendre de
plus en plus indépendante.

Déjà le Nestorianisme était passé en Perse où il fut protégé
par les princes Sassanides et, en 489, à la dispersion définitive
de l'école d'Edesse par l'empereur Zénon, il y trouva un asile
tout préparé pour le recevoir.

Les auteurs qui se sont occupés de l'école d'Antioche divi-
sent son histoire en trois périodes :

La première, celle de la formation, dure de 290 à 370;

La seconde, qui est celle de sa maturité et où elle brilla du
plus vif éclat, se place entre les années 370-430;

La troisième, celle de la décadence, s'ouvre alors par l'avène-
ment du Nestorianisme et finit à la querelle dite des Trois
Chapitres. C'est durant cette période que le Monophysisme
s'implanta dans l'église d'Antioche et y poussa de profondes
racines. Cette nouvelle doctrine, née de la réaction contre le
Nestorianisme, ne cessa de combattre l'école déjà à son déclin
et parvint à en précipiter la chute².

---

1. Assemani, *Bib. Orient*, t. I, p. 403.

2. Il reste peu de chose des œuvres des docteurs de l'École d'Antioche,
tels qu'Eusèbe d'Emesse, Théodore d'Héraclée, Meletius, Flavien, Poly-
chrome, frère de Théodore de Mopsueste, mais par contre nous possédons
encore de nombreux commentaires sur l'Ecriture sainte, dus à saint Ephrem,
à saint Jean Chrysostôme et à Théodoret.

De Théodore de Mopsueste, il reste en entier :

1° Le commentaire sur les XII petits prophètes publiés par Maï. *Patrol.
grecque*, t. CVIII;

2° Le commentaire sur saint Jean retrouvé dans la traduction syriaque
et dont l'abbé Chabot prépare en ce moment la publication ;

Les écrivains de cette dernière époque, Victor d'Antioche, l'abbé Marc Cassien, Proclus, qui devint dans la suite patriarche de Constantinople, sont inférieurs à ceux qui les ont précédés.

On désigne sous le nom des Trois Chapitres les écrits de Théodore de Mopsueste, ceux de Théodoret, évêque de Choros, contre saint Cyrille et la lettre d'Hibbas, évêque d'Edesse, à l'évêque persan Maris de Beït Hardaschir.

Ces œuvres étaient favorables au Nestorianisme et par conséquent abhorrées des orthodoxes et des monophysites qui commençaient alors à jouer un rôle considérable dans les querelles religieuses divisant l'église d'Orient.

Les ménagements, dont on avait usé jusqu'alors envers la mémoire de ces illustres docteurs, servirent aux monophysites de prétexte pour accuser l'église orthodoxe de Nestorianisme.

Il n'y avait plus à ménager l'école d'Antioche depuis sa décadence et pour enlever cette arme aux monophysites, Théodore Ascidas et ses amis décidèrent l'empereur Justinien à rendre le 23 février 551 un édit solennel de condamnation contre les Trois Chapitres.

Certains auteurs ont affecté de considérer l'école d'Edesse comme une annexe de celle d'Antioche; cette théorie me parait difficile à soutenir[1].

Ce furent deux écoles contemporaines et parallèles, deux écoles sœurs mais absolument distinctes. L'école d'Antioche fut de langue grecque.

3° Un certain nombre de fragments réunis par Maï. *Vol. cit.* ;

4° D'autres fragments traduits du syriaque et publiés par Sachau.

Enfin, quelques parties de son commentaire sur les Psaumes viennent d'être retrouvées dans une traduction latine faisant partie d'un des manuscrits de la Bibliothèque Ambroisienne de Milan ; jusqu'à ce jour, on les avait attribués à saint Colomban.

1. *Hist. de l'Église* du cardinal Hergenrother, trad. Bellet, t. II, p. 226.

« … Le principal foyer de ces intrigues était Edesse, dont l'école était une succursale de celle d'Antioche en même temps que le séminaire du clergé persan… » ???

Celle d'Edesse, plutôt de langue syriaque, eut les mêmes méthodes et professa comme elle la philosophie d'Aristote. Ce fut elle qui traduisit en syriaque les auteurs grecs[1].

L'école d'Antioche disparut en 551, avec la condamnation des Trois Chapitres[2] tandis que l'école d'Edesse, survivant par ses traditions à la dispersion de ses membres, se prolongea durant plusieurs siècles en Syrie et en Mésopotamie dans ces écoles que M. Renan nomme arabico-péripathéticiennes.

Mais les rapports entre Antioche et Edesse furent intimes et fréquents et je vais esquisser, ici, en quelques pages, ce que nous savons de la célèbre école dite des Perses.

En 363, la paix conclue par l'empereur Jovien avec Sapor, abandonnant à ce dernier Nisibin et son territoire, amena l'expatriation de la partie riche et éclairée de la population chrétienne de cette ville qui, redoutant la malveillance du monarque perse, se retira vers l'Ouest, principalement à Edesse, ville depuis longtemps célèbre par ses écoles.

Au nombre de ces émigrants se trouvait saint Ephrem déjà connu, alors, par ses poésies. Il résida longtemps dans un des monastères de la montagne sainte d'Edesse[3]. De cette époque date, vraisemblablement, la fondation de la célèbre école dite des Perses. Edesse devint alors un centre d'études où affluèrent les chrétiens orientaux, mouvement qui alla croissant durant le v⁰ siècle.

Alors s'élevaient aux environs d'Edesse et dans toute l'Osrohène de nombreux monastères dont les moines copiaient assi-

---

1 Renan, thèse, p. 6.

2. Antioche demeura, cependant, le grand centre des études en Syrie et ses écoles ne cessèrent d'être très florissantes ; nous savons qu'au vii⁰ siècle elles comptèrent au nombre de leurs élèves Jean Maron qui, né au château de Syrim dans la montagne de Souedieh, fut le premier patriarche des Syriens Maronites et mourut à Kafar-Hay en 707 de notre ère. Assemani, *Bib. Orient*, t. I, p. 496-97.

3. Moïse Bar-Cépha nous apprend que saint Ephrem écrivit son commentaire sur la Genèse et l'Exode durant son séjour chez les moines de la Montagne sainte d'Edesse. Ce fut lui qui combattit et extirpa des écoles de cette ville le Gnosticisme qui y avait été introduit par Bardesane.

dûment les manuscrits, nous conservant ainsi les chefs-d'œuvre de l'antiquité. C'est donc grâce à ces couvents que le flambeau de la science fut transmis sans pâlir du v⁰ au x⁰ siècle. Chaque monastère contenait une école s'inspirant de celle d'Edesse, et les moines, après en avoir été les disciples, devenaient des maîtres habiles et fournissaient à l'enseignement des recrues abondantes et toutes préparées. Grâce à son académie, Edesse était devenu en quelque sorte l'Athènes de la Syrie et exerça une influence considérable sur la culture des lettres et des sciences dans cette contrée.

Nous savons par Moyse de Khoren qu'à Edesse l'enseignement se donnait en grec et en syriaque.

Les erreurs des Grecs, c'est-à-dire, le Nestorianisme et le Monophysisme, furent tour à tour accueillies et conservées par les Syriens.

J'ai déjà dit que ce fut Rabboula, évêque d'Edesse, qui en 432, sous le règne de Théodose, commença, à l'instigation de Jean d'Antioche, la persécution contre les docteurs nestoriens de l'école dite des Perses[1], mais cette académie ne fut définitivement dispersée et ses membres exilés du territoire de l'empire qu'en 489[2].

Nestorius avait trouvé au sein de l'académie d'Edesse ses plus fermes soutiens. La jeunesse universitaire, toujours hardie et disposée en faveur de ce qui est nouveau, poussée par Hibbas, évêque de cette ville qui, le premier, embrassa le Nestorianisme, se laissa facilement séduire. L'Ecole d'Edesse réunissait alors l'élite de la jeunesse syrienne, persane et chaldéenne; il en sortit une pléiade de brillants élèves et quand, en 489, à l'instigation de Cyrus évêque d'Edesse[3], l'empereur Zénon fit fermer l'école et dissoudre l'académie, ils regagnèrent leur patrie le cœur ulcéré et plein de haine contre l'Occident. Rentrés en Perse et en Chaldée, ils devinrent bientôt les

---

1. Assemani, *Bib. Orient.* t. III, p. 376 (note).
2. Assemani, *Bib. Orient.* t. I, p. 205.
3. Rubens Duval, *Hist. d'Edesse*, p. 176.

pères de la riche et féconde littérature syro-nestorienne[1], Acace, Barsaumas, Maanès, Absotas, Jean de Garmach, Ma'na, Michée Dagon, Paul d'Huza, Narsès et Ezélias étaient les champions du Nestorianisme au sein de l'académie d'Edesse quand elle fut dispersée. Ces disciples de l'école des Perses devenus les princes de l'église orientale fondèrent l'école de Soba ou Nisibe qui succéda à celle d'Edesse et continua longtemps ses traditions[2]. C'est à cette école que furent élevés pendant plusieurs siècles les écrivains, les évêques et les patriarches de l'église nestorienne.

La langue syriaque comprenait deux dialectes. Le plus répandu était l'araméen syrien ou occidental. Il était parlé en Cœlé-Syrie, dans la Syrie septentrionale et dans le nord de la Mésopotamie. On le nommait aussi dialecte édessénien et il était surtout en usage parmi les Syriens Jacobites, Maronites et Melkites[3].

Dans le reste de la Mésopotamie et dans le Khorassan, les Nestoriens employaient le dialecte dit oriental.

On a vu plus haut que le Jacobitisme prit naissance à *Antioche* et que son histoire se rattache intimement à celle de cette ville. Ses doctrines religieuses étaient celles d'Eutychès.

Adversaires religieux des Nestoriens, les Jacobites furent leurs rivaux dans la culture des lettres et des sciences. Le rôle qu'ils jouèrent du VIe au XIe siècle égale, s'il ne le surpasse, celui des Nestoriens.

La doctrine d'Eutychès avait été le point de départ du Monophysisme qui n'est au fond qu'une réaction contre le Nestorianisme.

En 449, le concile d'Ephèse, dit le Brigandage d'Ephèse, vint assurer son triomphe et il fut implanté à Antioche en 458 par Pierre le Foulon, patriarche de cette ville.

1. Assemani, *Bib. Orient.*, t. I, p. 205 et 352.
2. *Ibid.*, t. III, 1re partie, p. 81 et 437.
3. *Journal asiatique*, 1872, 1re partie, p. 309 et suiv.

L'empereur Zénon, plein de zèle pour l'orthodoxie, crut rétablir la paix dans l'église en publiant l'édit nommé Hénotique, qui, mal accueilli de tout le monde, ne servit à rien, mais à la faveur duquel le monophysisme prit racine et se développa en Syrie et en Mésopotamie.

L'antagonisme existant entre les Syriens hellénisants et les Syriens de langue syriaque, facilita, je crois, le développement du monophysisme à Antioche.

Sous le règne de l'empereur Anastase qui fut très favorable aux monophysites, les chefs de cette nouvelle doctrine furent en Syrie, Sévère et Xénaïas. Le premier était né à Sozopolis, en Pisidie, d'une famille païenne ; après avoir été baptisé à Tripoli de Syrie, il devint moine au couvent de Maïumas près de Gaza, puis se rendit à Constantinople et en 512 devint patriarche d'Antioche, pendant que Xénaïas était élevé à l'évêché de Membedj sous le nom de Philoxène. Tous deux se firent alors les apôtres du monophysisme dans l'église d'Antioche.

Mais à la suite de la mort de l'empereur Anastase, survenue en 518, ils furent contraints, au mois de mars de l'année suivante, à se retirer en Égypte.

Sévère fut un homme d'un esprit élevé et d'un profond savoir, il a laissé de nombreux écrits dont plusieurs nous ont été conservés par des traductions syriaques.

Ce sont un commentaire sur les psaumes cité par Bar-Hébroeus. Les sermons nommés *Homeliæ cathedrales* ou λόγοι ἐπιθρόνιοι. L'office sur le rite du baptême (V. Zotenberg, *Catal. des Manus. syriaques de la Bib. Nat.*, p. 62). Homélie sur saint Léonce (*id.*, p. 123), divers anaphores (*id.*, p. 47), enfin un assez grand nombre de sermons et de lettres, les unes synodales, les autres familières.

Prêché par Sévère d'Antioche, Philoxène de Membedj et Jean de Tella, le monophysisme se développa rapidement durant le VIe siècle et le grand événement religieux de cette époque fut la conversion à cette nouvelle doctrine d'un nombre très considérable de chrétiens du Nord de la Syrie, de la Cilicie et de la Mésopotamie, entraînés par la voix éloquente de Jacques Bourde' Ana[1]. Ce dernier était fils d'un prêtre de Tella, nommé Bar Manou. D'abord moine au couvent de Pésilta dans les montagnes du Tour Abdïn, il se rendit à Constantinople où il se concilia la bienveillance de l'impératrice Théodora, puis commença ses prédications en 539 : en 543, à la demande d'Harith-ibn-Jabalah, roi des Ghassanides de Syrie, Jacques fut nommé évêque d'Edesse avec juridiction sur le nord de la Syrie et de la Mésopotamie[2].

Des débats soulevés en Syrie par les questions de Christologie étaient nées les nombreuses sectes qui pullulèrent alors, divisant l'église d'Orient en Orthodoxes, Nestoriens, Sévériens, Acéphales, Docètes, Aphtaradocètes, Julianistes, Etistolâtres, Actistetes, Agnoètes ou Thémistiens, Barsaniens, Dyophysites, Tritheistes, Damianistes, Niobites, etc., etc., sectes qui se combattaient les unes les autres entraînant les anathèmes, le meurtre ou l'exil et la déposition des évêques.

Un tel état de trouble était bien fait pour faciliter la tentative de Jacques Bourde'Ana. Le nouveau prélat ne séjourna point à Edesse, mais, de 543 à 578, il passa sa vie à parcourir la Syrie, la Cilicie et la Mésopotamie, s'efforçant de rétablir l'union et la concorde entre les diverses communautés qu'il visi-

---

1. M. H.-G. Kleyn a soutenu à Leyde, en 1882, une thèse remarquable, ayant pour titre : Jacob Baradeus (ou Bourde' Ana), fondateur de l'Église Monophysite de Syrie.

2. Jacques Bourde'Ana ou Baradai fut élevé au monastère de Pésilta (ou de la Carrière), près du village de Goumetha, dans le mont Isala ou Izla, voisin de Tella. Vers 527 ou 528, il fut envoyé à Constantinople avec un autre moine de Tella, nommé Sergius, pour y défendre leur foi. Ils y demeurèrent 15 ans. C'est durant ce temps que se produisit la persécution dirigée en 536-537 contre les Monophisites par Ephraïm d'Antioche. En 543, à la demande du roi des Ghassanides de Syrie, Harith-ibn Djabalah, l'impératrice Théodora autorisa Théodose, patriarche d'Alexandrie, alors exilé de son siège, à sacrer deux évêques Monophysites, ce furent Théodore comme évêque de Bostra avec juridiction sur la Palestine, l'Arabie, et Jacques comme évêque d'Edesse, étendant sa juridiction sur la Syrie, la Cilicie et la Mésopotamie. (Rubens Duval, *Hist. d'Edesse*, p. 211).

Jacques mourut en 578 au monastère de Mar Romanos, sur les confins de l'Égypte où il se rendait pour visiter Damien, patriarche d'Alexandrie. Ses restes furent transportés à Pésilta en 622. (V. Wright, *Catal.*, p. 1131).

tait. en les rattachant à un centre commun : partout il fonda des églises et consacra des évêques, des prêtres et des diacres monophysites préludant ainsi à l'établissement du patriarcat syrien jacobite d'Antioche qui compta dès le début seize diocèses. Au nombre des nouveaux convertis, se trouvaient plusieurs tribus nomades d'arabes chrétiens, les Thénoukhites et les Taglabites qui relevèrent du diocèse jacobite de Hira jusqu'à l'année 779, date à laquelle le calife Mahmoud-el-Mahdi les contraignit à embrasser l'islamisme.

La nouvelle église prit le nom de son fondateur et a subsisté jusqu'à nos jours sous le nom d'église syrienne jacobite et seule, aujourd'hui, elle conserve encore la liturgie syriaque du patriarcat d'Antioche.

Sergius de Tella Constantia, sacré du vivant même de Jacques. par Jean évêque d'Anazarbe, fut le premier patriarche syrien jacobite.

Mais pas plus lui que ses premiers successeurs ne purent résider à Antioche tant qu'y subsista la domination byzantine et ils durent se fixer dans des couvents tantôt près d'Amida, tantôt près de Mélitène. Ce ne fut qu'en 721, un siècle après la conquête musulmane et deux siècles après l'expulsion de Sévère, que le calife Walid autorisa Elie, neuvième patriarche jacobite, à rentrer à Antioche avec son clergé et y élever une église. L'année suivante on le voit consacrer une autre église *in pago Vallis Sarmeda*, non loin d'Antioche[1].

La proscription dont fut frappée, sous l'empire grec, l'église jacobite ne paraît pas avoir entravé dans son sein les études qui avaient leur centre tout à la fois dans les couvents de la montagne noire voisine d'Antioche et dans les monastères de cette ville.

Les Syriens Jacobites délivrés des persécutions des Orthodoxes respirèrent plus librement et les couvents, ces grandes

---

1. G. Aboulfaradj. *Chron. Ecclésiast.*, trad. Abbeloos, t. I, p. 298.

écoles de la culture intellectuelle, purent alors se livrer, en toute sécurité, à l'étude.

La Grèce avait fourni à la Syrie tout ce qu'elle pouvait lui donner et avait exercé une grande influence sur le mouvement intellectuel dans cette contrée.

Le triomphe des jacobites avait complètement séparé la Syrie de Constantinople comme le Nestorianisme en avait déjà séparé la Mésopotamie et la Perse.

Édesse, Ké'çoun, Samosate, Heusn-Mansour, Mélitène, Anazarbe, Membedj, Carséna, Gargar, Kenesserïn, furent, dès le début, les principaux centres du Jacobitisme qui compta bientôt de nombreux adeptes dans tous les monastères des montagnes saintes d'Antioche, de Mélitène, d'Édesse et du Tour Abdin, monastères d'où sortirent une longue suite de patriarches qui perpétuèrent dans leurs églises les traditions scientifiques des grandes écoles d'Antioche et d'Édesse. Tel fut le point de départ de l'influence exercée, au moyen âge, par la culture syrienne sur les destinées de l'esprit humain. Pendant toute la période de trouble et de guerre que va traverser l'Orient, les Syriens Jacobites vont être avec les Nestoriens et les Arabes, les dépositaires des sciences et des lettres de l'antiquité qu'ils transmettront à l'Occident durant les xii⁰ et xiii⁰ siècles, quand l'établissement des Francs en Syrie les aura mis en contact journalier avec le monde latin qui recevra d'eux la philosophie d'Aristote.

La connaissance profonde de la philosophie aristotélique possédée par les Syriens jacobites et nestoriens montre l'alliance des études ecclésiastiques et profanes dans les écoles de Syrie. Aristote y régnait seul et l'Organon était le fondement de toutes les études aussi bien dans les écoles nestoriennes d'Édesse et de Nisibin que dans les écoles jacobites de Resaïn ou de Kenesserïn[1] (Chalcis). Le monastère et les écoles de cette dernière ville furent jusqu'en 720 le grand foyer de la science jacobite

---

1. J.-B. Chabot, *Chron. de Denis de Tell-Mahré*, introd., p. x, et Assemani, *Bib. Orient*, t. I, pp. 267, 290, 295 et 326.

dans cette région. De 591 à 687, cinq patriarches jacobites, Julien Ier, Athanase I, Théodore, Athanase II et Julien II, sortirent de ce célèbre monastère.

Il y eut encore à Edesse et dans les environs de cette ville aux VIe et VIIe siècles et même beaucoup plus tard, d'autres écoles célèbres dont je parlerai bientôt et qu'il ne faut pas confondre avec celle dite des Perses. Elles furent également un centre d'études où affluèrent des disciples venus de toutes les villes de l'Osrohène et des contrées voisines parmi lesquelles on en comptait même qui n'étaient pas chrétiens; on ne doit pas oublier, à ce propos, que les religions (payennes) de l'Asie subsistèrent jusqu'au XIIe siècle dans les écoles de Harran, ville bien voisine d'Edesse [1].

L'école de Harran continua les traditions des études syro-helléniques, surtout en astronomie. Les écrits de cette école appartiennent à la langue syriaque pure et à l'arabe.

Quand, en 830, le calife Al Mamoun visita cette ville, il fut très étonné d'y trouver une religion particulière, le sabisme, qui paraît être sorti d'une secte chrétienne fort imprégnée d'éléments païens les Elkesaïtes qui existaient en Babylonie et avaient beaucoup de ressemblance avec les Mendaïtes ou chrétiens de saint Jean [2].

La doctrine des Harraniens fut, je crois, un mélange de la vieille doctrine syrienne et de monothéisme, au fond ils n'étaient pas chrétiens.

Leur livre saint se nommait le livre du Hanif et ils enseignaient que chaque planète est la demeure d'une divinité ou d'un ange qui la dirige.

M. Chwolson a prouvé que les pratiques religieuses des Harraniens étaient, en réalité, celles des anciens syriens et

---

1. Assemani, *Bib. Orient.* t. I, pp. 204 et 270. Renan, thèse, p. 63 et *Hist. des Langues sémitiques*, p. 266 et Bar-Hebraeus, *Chron. Syr.*, éd. Bruns et Kirsch, trad. p. 176.

2. De Goeje, *Mém. sur le culte des Sabiens*, actes du Congrès des Orientalistes de Leyde, 2e partie, section première, p. 289 et suiv.

n'avaient été qu'extérieurement modifiées par le contact avec les Grecs[1].

Avicenne, Ibn-Hazm, Charastoni et d'autres savants ont, avec raison, classé la religion des Harraniens parmi les religions monothéistes.

C'est en 830 de notre ère que le nom de Sabiens fut adopté par les Harranites qui, devant la menace d'extermination du calife Al Mamoun, se résignèrent alors à se dire chrétiens et plusieurs feignirent à cette occasion de se convertir à l'Islamisme.

L'école de Harran fut demi-chaldéenne et demi-hellénique, elle se prolongea presque jusqu'au XIIe siècle au milieu d'une population qui n'était ni chrétienne ni musulmane[2].

Les nombreux médecins, astronomes, mathématiciens et philosophes, traducteurs d'ouvrages grecs en syriaque et en arabe, que vers le Xe siècle produisit Harran et parmi lesquels il suffit de nommer Al Bateni, Thabet-ibn-Korrah, Senaan-ibn-Thabet et Thabet-ibn-Senaan[3], attestent l'existence dans cette ville d'une école active qui eut une large part à l'initiation des Arabes aux sciences de l'antiquité.

C'est dans les écoles syriennes d'Antioche et de Harran que se formait, alors, dit Sédillot, cette pléiade de savants qui furent les pères de la science arabe en traduisant, à leur tour, dans cette langue, les versions syriaques de l'École d'Edesse[4].

---

1. D'après Dion Cassius, Harran dut son origine à une colonie macédonienne, cette ville aussi nommée Hellenopolis fut à l'époque qui nous occupe le centre du Sabéisme et du Mazditisme en Mésopotamie (Renan, *Hist. des Langues sémitiques*, p. 253), ses écoles jouissaient alors d'un grand renom et vers l'an 900, le célèbre Thabet-ibn-Korrah y professait l'astronomie et la dialectique. Le Sabisme n'avait pas complétement disparu des environs de Harran au commencement du XIIIe siècle (Bar-Hebræus, *Chron. Syr.*, éd. Bruns, trad. p. 176).

2. Renan, *Hist. des Langues sémitiques*, p. 266.

3. Thabet-ibn-Korrah traduisit alors plusieurs traités d'Archimède, ceux du Cercle, de la Sphère et du Cylindre. Il fut également l'auteur d'une chronique des rois de Chaldée et d'un traité sur le Sabisme.

Thabet-ibn-Senan fut un médecin célèbre et écrivit une chronique fort estimée. Assemani, *Bib. Orient*, t. II, p. 316-317.

4. Sédillot, *Hist. des Arabes*, p. 391.

Il y a lieu de penser qu'aux premiers siècles de notre ère, la Mésopotamie fut le théâtre d'un vaste travail de fusion entre les sciences de la Chaldée et de la Grèce. L'école de Harran ne fit sans doute que continuer cet enseignement qui fut aussi conservé dans les écoles de la Perse.

J'ai dit ailleurs que ces écoles de Nisibin, de Djendisapour et de Chalcis (Kenesserïn) naquirent des ruines de l'académie d'Edesse et que ce fut au viie siècle que celle de Chalcis brilla de son plus vif éclat.

Les docteurs de ces écoles, initiés aux sciences et aux lettres grecques furent les premiers à traduire ces livres dans leurs langues maternelles[1].

Au vi^e siècle, Serge de Resaïn, très habile médecin fort versé dans la culture des lettres grecques et syriennes, passe pour avoir traduit le premier du grec en syriaque les œuvres des médecins grecs[2].

M. Renan pense avec raison que l'école d'Edesse les avait déjà traduites antérieurement et que c'est à tort que l'auteur arabe Ibn-Ali-Occibia critique ces traductions auxquelles il préfère celles d'Honein-ibn-Ischak, fils d'un pharmacien de Hira qui, après avoir passé plusieurs années aux pays grecs (Edesse et la Syrie) et y être devenu helléniste, revint à Bagdad où il fut mis, par le calife, à la tête de l'école des traducteurs[3].

Les plus célèbres de ses élèves furent Ischak-ibn-Honein, son fils, et Habeish el Assam, son neveu. A eux trois ils traduisirent en syriaque et en arabe les œuvres complètes d'Aristote[4].

---

1. On attribue à Hibbas, évêque d'Edesse au ve siècle, la première traduction des œuvres d'Aristote.

2. Wright, *Catal.*, p. 1154. Renan, thèse, p. 25 et *Journal asiatique*, année 1852, p. 319 et suiv. — Les œuvres des Syriens Jacobites qui, aux vi^e et viie siècles, travaillaient à Kenesserïn et à Resaïn, se retrouvent surtout dans les manuscrits syriaques du musée britannique; pour eux, l'Organon est le fond de tout.

3. Renan, thèse, p. 25. *Ibid.*, p. 58 et Assemani, *Bib. Orient.* t. III, 2e partie, p. 93.

4. Renan, thèse, p. 58.

Malgré l'activité des Honéinides la rareté des manuscrits entravait alors la marche des études ; Jahja-ibn-Adi raconte qu'il ne put se procurer à aucun prix l'œuvre d'Alexandre Aphrodiseum déjà traduite en syriaque et en arabe[1].

Durant trois siècles les Syriens travaillent à reprendre, à améliorer et à multiplier leurs traductions. Les chefs de cette nouvelle école de traducteurs furent Abou-Baschar-Mata, Jahja-ibn-Adi de Tékrit, Ali-ibn-Zaraa, Ibn-Noéma, etc., etc.

La bibliothèque nationale possède un manuscrit arabe de 1027 (fonds arabe, n° 882 A) contenant les œuvres d'Aristote traduites par ces auteurs.

Il ne faut pas croire qu'à la suite de la dispersion de l'école nestorienne d'Edesse, les études furent abandonnées dans l'Osrohène et la Syrie proprement dite[2].

La direction en passa, alors, aux Jacobites et, du vi° au xii° siècle, ne cessa de produire entre leurs mains d'assez beaux résultats[3].

Durant les vii° et viii° siècles la philosophie fut représentée chez les Jacobites par une série d'hommes éminents au nombre desquels figurent, au premier rang, Sévère Jesubokt, Athanase de Balad, Jacques d'Edesse, Georges évêque des Arabes, Phocas Bar Sergius, le patriarche Denis de Tell-Mahré, etc., etc.

Sévère Jesubokt, originaire de Nisib (v. Wright, catal., p. 1113), d'abord moine au monastère de Kennesserin, devint évêque de cette ville vers 610 et fut, durant le vi° siècle, un des docteurs les plus remarquables de l'école syrienne jacobite. Il s'adonna à l'étude de la théologie, de la philosophie et des mathématiques.

---

1. On doit encore rattacher à cette célèbre école d'Honein-ben-Ischak les lexicographes syriaques-arabes, Ibn-Ali et Bar-Bahloul, qui vivaient au ix° siècle.

C'est une véritable encyclopédie littéraire, philosophique, géographique, philologique et même grammaticale que le lexique syro-arabe de Bar Bahloul, publié par M. Rubens Duval ; il y a de tout dans ce livre, véritable trésor d'érudition. *Journal asiatique*, 1889, 1re partie, p. 287.

2. *Journal asiatique*, 1875, 1re partie, p. 112.

3. Renan, *Hist. des Langues sémitiques*, p. 297.

Ses œuvres astronomiques et géographiques se trouvent dans plusieurs manuscrits du Musée britannique (add. 14538, f⁰ˢ 153-155. — Add. 14660 et 17156. Wright, catal., p. 1160-1163). La bibliothèque de Berlin possède de lui un traité de l'astrolabe.

Au nombre de ses disciples, il compta Georges qui, à la demande de Sévère, devint en 637 évêque des Arabes et fut un savant de premier ordre sur les œuvres duquel j'aurai bientôt à revenir[1].

Athanase de Balad (près Mossoul) suivit également à Kenesserïn les leçons de Sévère. Vers 645, pendant qu'il résidait au monastère de Beit-Malchi, il traduisit du grec en syriaque plusieurs ouvrages, entre autres l'Isagogue de Porphyre[2]; élu, en 684, au synode de Resaïn, patriarche des Jacobites sous le nom d'Athanase II, il mourut en 687.

Jacques d'Edesse naquit en 633 à Indebha, petite ville voisine de Djoûmah sur les bords de l'Afrïn entre Ravendan et Antioche mais dépendant de la province d'Alep[3]. Il étudia d'abord au célèbre monastère d'Aphtonia de Qen-Nesré (Kenesserïn) où il apprit le grec. De là il se rendit à Alexandrie, principal centre de la culture hellénique, puis à Antioche où il termina ses études et résida longtemps[4].

S'étant fixé à Edesse, il devint, vers 677, évêque de cette ville, grâce à la protection du patriarche Athanase II. Mais à la mort de ce dernier, ne se voyant pas soutenu par Mar

---

1. C'est en 687 ou 688 que Georges devint évêque des Arabes de Koufa, des Tanoukites et des Taglabites et en général des Arabes chrétiens de Mésopotamie.

Nous savons que les Taglabites (enfants de Taglib) habitaient entre le Chaboras, le Tigre et l'Euphrate. Dès l'an 640, cette tribu était entièrement chrétienne (*Journal asiatique*, 1894, t. II, p. 97). Saint Serges en était le patron (*Ibid.*, p. 109). Ce fut l'émir Halid, fils du calife Walid, qui contraignit ces Arabes à embrasser l'islamisme.

2. Renan, thèse, p. 32-33. — Assemani, *Bib. Orient.* t. I, p. 493-494, t. II, p. 335.

3. Hjelt, *Étude sur l'Hexameron de J. d'Edesse*, p. 4 et *Géogr. d'Aboulfeda*, trad. Guyard, t. II, p. 43.

4. Renan, thèse, p. 34.

Julien II, son successeur, dans les réformes qu'il voulait apporter dans le clergé d'Edesse, il abandonna son siège et se retira, alors, au monastère de Saint-Jacques de Ké'çoun, puis il passa à celui d'Euseboua dans le désert de Syrie sur la route de Homs à Damas où il demeura onze ans ; mais, à la suite d'intrigues dirigées contre lui par les moines de cette maison, il se retira en 899 à Tell Ada où il demeura neuf ans. Ce fut là qu'une députation des habitants d'Edesse vint, alors, le prier de revenir occuper son siège. Au moment où il se disposait à se rendre à leurs instances, la mort vint le surprendre le 5 juin 708.

Jacques d'Edesse fut un polygraphe, philosophe, historien, exégète et grammairien.

Il s'occupa beaucoup de la réforme de l'écriture syriaque : ce fut lui qui introduisit les points voyelles dans l'écriture araméenne[1] et il a laissé un traité des points diacritiques. C'est grâce à lui que le dialecte édessénien arriva à ce degré de perfection grammaticale qui en fit, pour la Syrie, ce que le dialecte attique fut pour la Grèce[2].

La perte de sa chronique est fort regrettable, car elle ne nous est connue que par quelques feuillets d'un manuscrit du British Museum. (Wright, *catal.*, p. 1062.

Durant son séjour à Tell Eda, il revisa la version syriaque (dite Peschito) de l'ancien testament.

Jacques d'Edesse fut le promoteur des études grammaticales qui prirent une extension considérable après sa mort et furent appelées dans les siècles suivants du nom générique de *tradition karkaphienne*[3].

Vers la fin de sa vie il écrivit son Hexaméron. Jacques d'Edesse en l'écrivant a voulu donner à ses compatriotes non seu-

1. *Journal asiatique*, 1875, 1re partie, p. 137.
2. Renan, *Hist. des Langues sémitiques*, p. 272.
3. Cette école paraît avoir tiré son nom du monastère de Karkaphta, près Kartamîn, qui lui a servi de berceau et a donné son nom à ce rameau de la Massore des Syriens occidentaux.
La Massore Karkaphienne dominait au Xe siècle d'une manière presque absolue dans la région de Mélitène, d'Edesse, de Mardin et dans tout le

lement une cosmogonie basée sur la genèse mosaïque et développée à l'aide de la théorie d'Aristote sur les éléments, mais encore, en même temps, une cosmographie aussi complète que possible qui les initiât aux mystères de la création éclairés par la science des Grecs. C'est moins une œuvre de théologie qu'une œuvre de science présentant un tableau général et assez complet des sciences physiques ou naturelles, telles qu'elles étaient connues en Syrie au VIIe siècle[1].

C'est par ce côté que l'œuvre du prélat syrien diffère absolument de l'Hexameron de saint Basile ou de celui de saint Ambroise. On voit que Jacques d'Édesse avait la notion parfaite de la rotondité de la terre, et les renseignements géographiques qu'il donne sur l'Asie et l'Afrique sont étonnamment exacts, car il reproduit à peu près l'œuvre de Ptolémée.

Il mentionne les poissons fossiles du Liban et les sources pétrifiantes des environs de Harran[2].

Son Hexameron est une véritable encyclopédie d'histoire naturelle et de géographie. Il a touché à tout et il a tout embrassé. On sent qu'il a disposé d'une bibliothèque aussi riche que variée, et l'abbé Martin pensait que la plupart de ces livres étaient des traductions syriaques d'auteurs grecs.

En mourant, Jacques d'Édesse laissait son Hexameron inachevé ; ce fut Georges, évêque des Arabes, son contemporain et son ami, qui le termina : mais les pages qu'il ajouta se reconnaissent sans peine, car elles sont fort inférieures au texte primitif de l'ouvrage.

---

nord de la Syrie ; elle semble avoir été l'œuvre d'une école en grande partie, sinon exclusivement, jacobite.

Assemani remarque que l'épithète de Karkaphien était appliquée indistinctement aux Jacobites et aux Maronites par les Chaldéo-Nestoriens.

Cette tradition a surtout fleuri aux environs de Harran, ainsi que dans cette partie de la Mésopotamie occidentale, nommée le Tour Abdîn, et, s'il faut en juger par le nombre des manuscrits qu'elle a laissés, elle semble avoir été assez répandue pour qu'on puisse ranger parmi ses docteurs la plupart des écrivains monophysites qui ont brillé du VIIIe au XIIe siècles. *Journal asiatique*, 1869, p. 326.

1. Hjelt, *Étude sur l'Hexameron de Jacques d'Édesse*, p. 11.

2. *Ibid.*, p. 19-30.

On peut dire que l'activité littéraire de Jacques d'Edesse remplit la seconde moitié du VIIe siècle.

Bar-Cépha, mort en 920 et Denys Bar-Salibi, mort en 1171, sont les seuls auteurs syriens qui puissent rivaliser d'érudition avec Jacques d'Edesse (*Journal Asiatique*, année 1888, 1re partie, p. 415).

Georges, évêque des Arabes, pupille du patriarche Athanase II, fut l'ami et le continuateur de Jacques d'Edesse : il a laissé sur l'Organon le commentaire aristotélique le plus étendu qu'on possède en syriaque. Il compila les homélies de Grégoire de Naziance ; on lui doit encore un commentaire des écritures cité dans la chaîne de Sévère et par Bar Hebræus[1].

Une lettre de ce prélat a été retrouvée et publiée par Lagarde dans ses *Analecta syriaca*[2].

Vers 675 le calife Abd-el-Melek choisit un savant jacobite nommé Athanase, originaire de Goumia près Antioche, pour lui confier l'éducation de son fils, le prince, Abd-el-Aziz qu'Athanase accompagna en Egypte. Denys, originaire de Tell-Mahré (aujourd'hui Tell el Menahir), village situé entre Rakka et Hisn-Maslamah sur les bords de la rivière Balik, étudia d'abord au couvent d'Aphtonia à Kenesserïn puis, à la suite de l'incendie de ce monastère et de la dispersion de ses moines, passa à celui de Saint-Jacques de Ké'goun où il se livra aux études historiques. Elu patriarche, en 818, au synode assemblé à Callinicus (Rakka), il commença la visite de ses diocèses par celui de Choros au nord d'Antioche. En 830 il visita l'Egypte où il vit les obélisques d'Héliopolis, les pyramides, le nilomètre, etc., qu'il décrit d'une manière très exacte. Ce patriarche a laissé une chronique divisée en trois parties : la première allant de l'origine du monde à Constantin le Grand, la seconde du règne de cet empereur à celui de Théodose le Jeune, la troisième qui est en même temps la plus intéressante comprend la période qui s'étend entre les années 408-565. La quatrième enfin qui forme

---

1. *Journal asiatique*, 1889, 1re partie, pp. 486-490.
2. Lagarde, *Analecta Syriaca*, pp. 108-134.

l'œuvre originale de l'auteur va de la mort de Justin II à l'année 775 de notre ère, c'est cette dernière partie qui vient d'être traduite et commentée par l'abbé Chabot. (Chron. de Denys de Tell-Mahré, quatrième partie, trad. par J.-B. Chabot. Paris, 1895, in-8°) [1].

Un des écrivains les plus marquants parmi les Syriens est incontestablement ce Maronite nommé Théophile Bar-Thomas d'Edesse qui traduisit du grec l'Iliade d'Homère et continua les travaux de Jacques d'Edesse sur la Massore syrienne [2]. Lagarde a retrouvé plusieurs mentions et citations de ses œuvres. Il paraît être mort vers 785 [3].

Romain le Physicien originaire de Kartamïn, élu patriarche sous le nom de Théodose en 887, mort en 896, a laissé, outre des ouvrages de médecine, un commentaire sur le pseudo-Hiérothée, dédié à Lazare, évêque de Choros (V. Wright, catal., p. 1205.) Il compila un recueil de cent onze maximes de Pythagore avec commentaires en syriaque et en arabe V. Zotemberg, catal., p. 147. — id., journal asiatique, 1876, p. 426-476).

Le célèbre Jean, évêque de Kartamïn, qui en 988 renouvela dans le Tour Abdïn l'écriture estranghélo qui s'y était perdue depuis un siècle, était probablement un docteur karkaphien. Ce fut de son temps et pendant que Théodose, frère du patriarche, Denys de Tell-Mahré, était évêque d'Edesse que l'émir Mahmoud-ibn-Tahir, gouverneur de la Mésopotamie, changea en mosquée le Tetrapylum où l'évêque et les chefs de l'église de cette ville siégeaient pour décider les questions ecclésiastiques ou philosophiques [4].

Durant les IXe et Xe siècles, par suite de l'état de guerre permanent qui se produisit alors dans une grande partie de la Mésopotamie, l'activité littéraire et scientifique des Syriens

1. J.-B. Chabot, Chron. de Denis de Tell-Mahré, introd., p. XXV.
2. G. Aboulfaradj, Hist. dynast., trad. p. 148.
3. The Academy, octobre 1871, p. 467.
4. G. Aboulfaradj, Chron. Ecclésiast., trad. Abbeloos, t. I, col. 362. et J.-B. Chabot, Chron. de Denis de Tell-Mahré, introd., p. XVIII.

Jacobites se concentra dans l'Osrohène ainsi que dans les environs de Mélitène et de Mardïn : près de cette dernière ville la région montagneuse du Tour Abdïn nommée aussi *Montagne des serviteurs de Dieu*, offrait un refuge assuré aux monastères où les études reprirent un nouvel essor et furent florissantes jusque vers le milieu du xi⁰ siècle [1].

A cette époque il est constamment parlé de la science qui existait alors dans les monastères des *Monts d'Édesse* [2].

Sous le patriarcat d'Athanase de Salach (987-1003) les monastères et les écoles se multiplièrent dans la province de Mélitène au point que les Grecs en prirent ombrage [3].

Sous la direction de Rabban Jean Maron, abbé du monastère de Sergius, voisin de Goubba, ainsi que dans les autres maisons fondées près de Mélitène par le même personnage, les études se relevèrent et ces couvents devinrent les foyers les plus actifs de la renaissance littéraire parmi les Syriens. Nous savons en ontre que la Massore Karkaphienne compta de nombreux disciples parmi ces religieux [4]. Le célèbre couvent de Saint-Siméon de Kartamïn (dans le Tour Abdïn) fut également alors un des principaux foyers de l'école karkaphienne.

Tous les documents historiques parvenus jusqu'à nous sont donc unanimes à considérer l'Euphratèse et le Tour Abdïn comme ayant été le foyer du mouvement littéraire et scientifique qui se produisit du ix⁰ au xii⁰ siècle et durant lequel les écoles jacobites brillèrent de leur dernier éclat [5].

Tel était le milieu intellectuel dans lequel vinrent s'établir les Francs quand, à la fin du xi⁰ siècle, ils se rendirent maîtres d'Antioche et d'Édesse.

A Mélitène l'activité scientifique des Syriens se prolongea jusque vers le milieu du xiii⁰ siècle.

C'est là que naquirent, alors, Michel le Grand dit aussi

---

1. *Journal asiatique*, 1875, t. V, p. 163-64.
2. *Ibid.*, 1869, t. II, p. 327.
3. *Ibid.*, p. 329.
4. *Journal asiatique*, année 1869, t. II, p. 364.
5. *Ibid.*, année 1875, t. V, p. 163-164.

Michel le Syrien, patriarche des Jacobites de 1166 à 1199. Ce prélat nous a laissé une précieuse chronique historique et on lui attribue également une histoire ecclésiastique aujourd'hui perdue.

Jacques Bar-Salibi qui, devenu évêque de Marès (Marasch) sous le nom de Denis, fut, sans contredit, une des sommités de l'église et de la science jacobite durant le xiie siècle.

On possède encore de lui un commentaire sur l'Ancien Testament[1], un volumineux traité sur les hérésies, un autre sur la providence, deux élégies en vers sur la prise d'Edesse par les Musulmans en 1144, trois sur la prise de Marès (Marasch)[2] ainsi qu'un traité sur la structure de l'homme et un assez grand nombre d'autres œuvres moins importantes, les unes théologiques, les autres historiques.

Enfin Grégoire Bar-Hebræus ou Aboulfaradj qui termine d'une façon si brillante la longue liste des maîtres qui répandirent tant d'éclat sur les écoles syriennes.

C'est durant cette période de près de deux siècles, qu'à Edesse, à Antioche et à Tripoli les docteurs syriens jacobites et nestoriens se firent les initiateurs des latins aux sciences de l'antiquité.

1. Zotenberg, *Catal.*, n°ˢ 9 et 66.
2. Assemani, *Bib. Orient.* t. II, p. 317.

La liste des Monastères Syriens des Montagnes saintes d'Edesse et de Mélitène dont les noms nous sont parvenus, extraite de mon supplément à la Syrie sainte, faisant suite aux familles d'Outre-Mer, de Du Cange, me paraît le complément naturel de l'étude qu'on vient de lire.

LES MONASTÈRES DE LA MONTAGNE SAINTE D'ÉDESSE

———

Le massif de collines, nommé de nos jours le Nimroud ou le Top Dag, qui domine, à l'ouest, la ville d'Orfa (Edesse), était désigné, au moyen âge, sous le nom de Montagne Sainte d'Edesse, à cause des nombreux monastères qui y avaient été élevés dès le commencement du ive siècle et dominaient au loin la contrée environnante.

Moïse Bar-Cepha[1] nous apprend que saint Ephrem écrivit son commentaire sur la Genèse et l'Exode durant son séjour parmi les moines de la Montagne Sainte d'Edesse.

Depuis le vi^e siècle, ces maisons n'avaient cessé d'être un des grands centres d'étude de l'École syrienne jacobite et avaient conservé les traditions de l'École d'Edesse.

J'ai dit plus haut qu'aux ixe et xie siècles, l'immense savoir des moines des monts d'Edesse était célèbre parmi tous les Syriens, tant orientaux qu'occidentaux.

En 1166[2], Michel le Grand qui venait d'être élu à Mar-Barsauma, patriarche jacobite, visita toutes ces maisons, en compagnie d'Ignace, évêque de Gargar et de Basile de Césarée.

Voici la liste de celles de ces maisons dont les noms nous sont parvenus :

Mar-Yacoub (Saint-Jacques), monastère dominant encore la ville d'Orfa.

Jean de Saroudj[3] en était abbé, le 6 novembre 1164, quand il fut élu Maphrien des Jacobites, sous le nom de Jean V. Ce

———

1. Lamy, *Rev. Bibl.*, janvier 1893.
2. Aboulfaradj, *Chron. Ecclésiast.*, trad. Abbeloos, t. II, p. 538.
3. Assemani, *Bib. Orient.*, t. II, p. 452 et 483.

prélat avait commencé par mener la vie érémitique dans la Montagne Noire. Il mourut en 1214[1].

Mar-Barbara[2] (Sainte-Barbe) existait déjà en 861 quand un de ses moines, nommé Sévère, écrivit une chaîne des Pères de l'Église qui rend encore aujourd'hui de grands services aux exégètes.

Mar-Severi[3] (Saint-Sévère). Thomas de Tekrit résidait dans ce monastère, en 834, quand il fut élevé au pontificat comme Maphrien d'Orient.

Mar-Abil[4] est mentionné en 1021 au sujet d'Habib, évêque d'Edesse.

Mar-Aaron[5] (Saint-Aaron). C'est dans ce monastère de la Montagne Sainte que mourut, dans les premières années du XI° siècle, le célèbre abbé Jean Maron.

Mar-Serkis (Saint-Serge).

Mar-Ephrem, dont les ruines se voient encore non loin des murs d'Edesse.

Mar-Salibo de Bêth Yehidoyé[5]. Le fond syriaque de la Bibliothèque Nationale de Paris possède sous le n° 52 un manuscrit exécuté dans ce monastère en l'année 1165 de notre ère, au temps où Jean était évêque d'Edesse.

De la Mère de Dieu[7], nommé aussi *Bêth Aksenoyé*, monastère de la Montagne Sainte d'Edesse, où fut exécuté, en 1192 de notre ère, le manuscrit n° 51 du fond syriaque de la

1. Assemani, *Bib. orient.*, t. II. p. 350.
2. Id., *ibid.*, p. 607.
3. Id., *ibid.*, p. 437 et 483.
4. Id., t. I, p. 427.
5. Id., t. II, p. 351.
6. Zotenberg, *Catal. manusc. syr.* Bibl. Nat., p. 19.
7. Id., p. 20.

Bibliothèque Nationale. Cette maison existait déjà en l'année 761[1]. Elle était encore habitée en 1238[2], quand y fut exécuté un des manuscrits décrits par Payne Smith.

Saint-Cyriaque[3].

Saint-David.

Saint-Jean[4], monastères où furent écrits plusieurs des manuscrits qui se voient aujourd'hui au Vatican.

Des Pèlerins[5] est mentionné en 1259 par G. Aboulfaradj.

Des Tours ou Phurchese[6] en la montagne d'Edesse. Isaac[7], moine de cette maison, fut sacré patriarche jacobite en 755 par Jacques, évêque de Resapha, à la demande du calife Abou-Djafar-al-Mansour.

Saint-Thomas[8], sur la montagne d'Edesse, couvent où furent exécutés du vɪᵉ au ɪxᵉ siècles plusieurs des manuscrits syriaques de la Bibliothèque du Vatican.

Senin[9], monastère très voisin d'Edesse et qui existait déjà au temps de Paul, évêque de cette ville.

Saint-Jacques-le-Docteur[10] où fut exécuté, en 1223, le manuscrit n° 395 du fond syriaque du Vatican.

Un autre monastère du même nom existait sur le mont Izla dans le Tour-Abdïn, c'est là que fut exécuté, en 1195, le manuscrit orné de miniatures portant le n° 40 du fond syriaque de la Bibliothèque Nationale[11] de Paris.

1. Rubens Duval, *Edesse*, p. 254.
2. Payne Smith, *Catal. manusc. syr.* British Museum, p. 231.
3. Assemani, *Bib. Orient.* t. II, p. 569.
4. Id.
5. Aboulfaradj, *Chron. Ecclésiast.*, trad. Abbeloos, t. II, p. 736.
6. Id., t. I, p. 316.
7. Assemani, *Bib. Orient.* t. II, p. 339.
8. Id., t. I, p. 561.
9. Id., t. II, p. 45.
10. Id., t. I, p. 611.
11. Zotenberg, *Catal.*, p. 44.

LA MONTAGNE SAINTE DE MÉLITÈNE

Le Mouzour Dag qui domine au sud les ruines d'Eski-Malatia était, au XIIe siècle, nommé la Montagne Sainte de Mélitène, à cause de plusieurs monastères syriens jacobites qui y étaient en grande vénération. Ces maisons religieuses eurent plusieurs fois à souffrir des dévastations des musulmans, notamment en 1141.

Aboulfaradj nous a conservé les noms de plusieurs de ces monastères.

Mar-Barsauma. Saliba en était archimandrite en 1196 [1].

Mar-Aaroun (Saint-Aaron) [2] où se retira au XIIIe siècle l'évêque jacobite de Mélitène.

Beth Zabarense [3].

Beth Kenca [4].

1. Wright, *Catal.*, p. 1138.
2. Assemani, *Bib. Orient.*, t. II, p. 398.
3. G. Aboulfaradj, *Chron. Ecclésiast.*, trad. Abbeloos, t. I, p. 500, et Assemani, *Bib. Orient.*, t. II, p. 361.
4. *Ibid.*, p. 450.

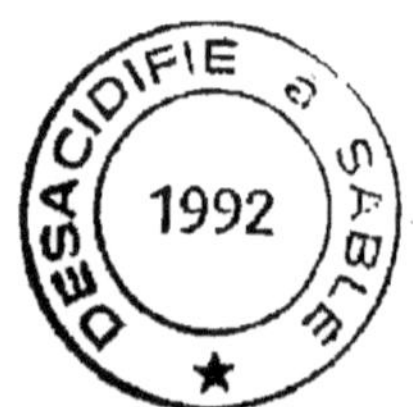

CHARTRES. — IMPRIMERIE DURAND, RUE FULBERT.

CHARTRES. — IMPRIMERIE DURAND, RUE FULBERT

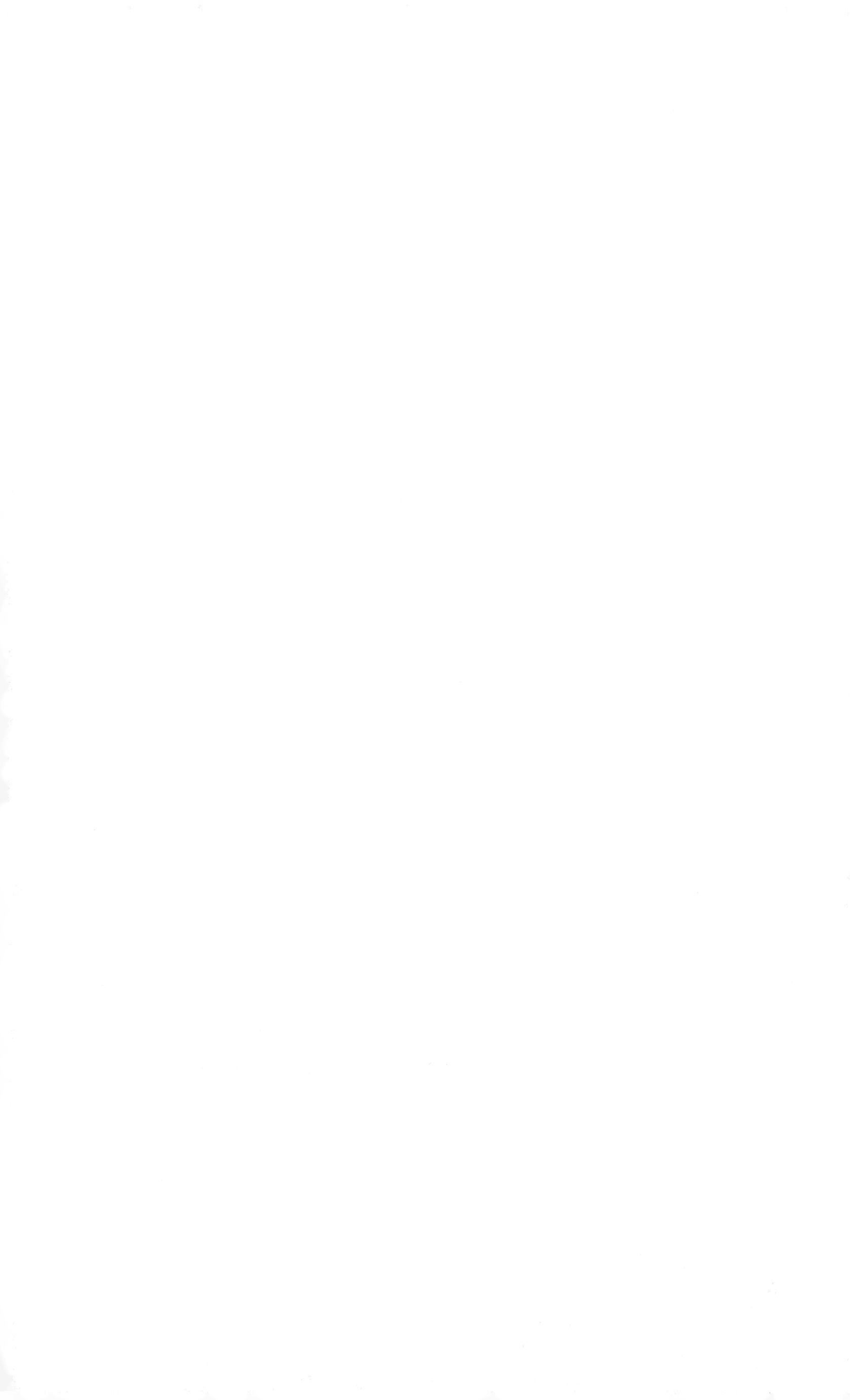